THE LANGUAGE GYM

EXTRANJEROS

BOOK 2

LA CATEDRAL POR LA NOCHE

THE LANGUAGE GYM

THE LANGUAGE GYM

About the authors

Tom Ball is head of the World Languages faculty and teaches French and Spanish at a leading international school in Malaysia. He is an experienced teacher and veteran faculty leader with 13 years of experience, ranging from the UK, the USA and now Malaysia. An avid writer, his stories are inspired by years of traveling and working around the world, including stints as a melon picker in the South of France, a deckhand in Papua New Guinea, and a wine merchant in London. He lives with his wife, Carlota, his son, Dacho, and their two cats in Kuala Lumpur. Tom has a passion for crafting intriguing story lines, writing witty prose, and creating dynamic characters that jump off the page and come to life. His teaching career, with a proven track-record ranging from Primary to A-Level, allows him to pitch the language at a level which creates challenging, engaging, but also student-friendly academic resources.

Dylan Viñales has taught for 15 years, in schools in Bath, Beijing and Kuala Lumpur in state, independent and international settings. He lives in Kuala Lumpur. He is fluent in five languages, and gets by in several more. Dylan is, besides a teacher, a professional development provider, specialising in E.P.I., metacognition, teaching languages through music (especially ukulele) and cognitive science. In the last five years, together with Dr Conti, he has driven the implementation of E.P.I. in one of the top international schools in the world: Garden International School. Dylan authors an influential blog on modern language pedagogy in which he supports the teaching of languages through E.P.I.

Gianfranco Conti taught for 25 years at schools in Italy, the UK and in Kuala Lumpur, Malaysia. He has also been a university lecturer, holds a Master's degree in Applied Linguistics and a PhD in metacognitive strategies as applied to second language writing. He is now an author, a popular independent educational consultant and professional development provider. He has written around 2,000 resources for the TES website, which have awarded him the Best Resources Contributor in 2015. He has co-authored the best-selling and influential book for world languages teachers, "The Language Teacher Toolkit", "Breaking the sound barrier: Teaching learners how to listen", in which he puts forth his Listening As Modelling methodology and "Memory: what every language teacher should know". Last but not least, Gianfranco has created the instructional approach known as E.P.I. (Extensive Processing Instruction).

DEDICATION

For Catrina
- Gianfranco

For Ariella and Leonard
- Dylan

For Dacho
- Tom

Acknowledgements

A big thanks to our friends and family for the ongoing support and patience while we work hard to produce these resources.

Secondly, our most sincere thanks and gratitude to our team of volunteer student readers: Yoo Jin Lee, Shriya Kalyan, Jeevika Purkar, Sayyada Jaffari, Smrithi Sankaranarayanan, Alice Griffiths, Paavani Ravindra Maiya, Ameira & Anaya Dhanoa, Arav Rajput, Kanwal Noman, Yi Wen Lim, Ishika Chakraborty & Carola Molinari.

A special mention, as always, to the fabulous MFL Twitterati community for their support and feedback throughout the creation process of this book.

Thank you to Carlota & Roberto for their time spent reading, re-reading, proofreading and editing this book.

As always, credit to our illustrator Jean for her hard work and for lending her creativity and skill to help bring characters & scenes to life.

Finally, a shout-out to Christopher Santos for his help in the final proofreading stages. Your contributions are greatly appreciated.

Introduction

In the second part of the *Extranjeros* series, Sam receives an unexpected phone call which sets him on a new path in his quest to uncover his past and learn his true identity.

Should he meet the mysterious caller in Toledo's ominous Gothic cathedral after dark? Will the caller reveal who Sam is and how he came to be in Toledo? Or will the sinister gang boss, Álvaro, be lying in wait for him?

When his new friends, Yuki and Joanna, agree to accompany him, they set out on a nighttime adventure that will take them into the bowels of the medieval city and confront the dark forces that are gathering against them.

Along the way, Sam gradually discovers more about his own character but starts to wonder which of his new friends he can trust.

Conceived for, and with input from, iGCSE Spanish students, the **Extranjeros series** brings the iGCSE topic areas to life through an engaging and exciting mystery in one of the most beautiful locations in Spain. Thanks to its parallel texts which guarantee 100 % comprehensible input at all times; the repetition of key language items; the judicious use of cognates and choice of high-frequency vocabulary drawn from the 2,500 most frequent Spanish words, this book is ideal for learners in the A2-B1 proficiency band.

TABLE OF CONTENTS

CHAPTER 1

Chapter 1: Una llamada imprevista

Suena un teléfono. Abro los
ojos: la habitación está a
oscuras y no tengo energía para
buscar el teléfono y apagarlo.

Cierro los ojos e intento dormir
otra vez, pero el teléfono sigue
sonando. No puedo dormir,
pero tampoco quiero
levantarme.

Parece que el teléfono lleva
horas sonando, pero me quedo
en la cama. El tono de llamada
se hace más fuerte y oigo la voz
profunda y enojada de mi
compañero de habitación,
Hassan.

—¿¡Qué pasa!? ¡Quiero
dormir! ¡Son las seis de la
madrugada!

Hassan se levanta y busca el
teléfono por el suelo. El tono de
llamada se hace aún más fuerte
e imagino que todos los
huéspedes del hotel lo están
oyendo.

—¿Qué pasa? —le pregunto,
sin moverme de la cama.

A phone is ringing. I open my
eyes: the room is dark and I
don't have the energy to look
for it and turn it off.

I shut my eyes and try to go
back to sleep, but the phone
keeps ringing. I can't sleep, but
I don't want to get up either.

It feels like the phone is ringing
for hours, but I stay in bed. The
ringtone gets louder and I hear
the deep, annoyed voice of my
roommate, Hassan.

"What's going on!? I want to
sleep! It's 6 a.m.!"

Hassan gets up and looks for
the phone on the floor. The
ringtone gets even louder and I
imagine that all of the guests in
the hotel can hear it.

"What's going on?" I ask him
without getting out of bed.

—¡¿Qué pasa?! Alguien ha
dejado su maldito móvil en
nuestra habitación, eso es lo
que pasa. ¡Ajá! —Saca algo de
5 debajo de mi cama—. ¡Lo he
encontrado!

—Pues apágalo, amigo…
—le digo a Hassan, mientras
10 intento dormirme otra vez.

—¡Anda! —dice él,
sorprendido—. Sam, deberías
ver esto.
15

Suelto un gruñido pero me
levanto para ver el móvil.

«¿Por qué no lo apaga?».
20

Respiro hondo y miro el móvil.
Lo que veo me despierta al
instante, como una descarga
eléctrica. En la pantalla del
25 móvil hay una foto de un grupo
de chicos jugando al fútbol.

El chico en el centro de la foto
lleva una camiseta de España
30 y… *¡soy yo!* ¡Debe ser *mi*
móvil! A lo mejor tiene
información sobre mi
identidad… mi familia.

"What's going on?! Someone
has left their damn phone in our
room, that's what's going on!
Ah ha!" He pulls something out
from under my bed. "I've got
it!"

"Well, turn it off, my friend …"
I tell Hassan while I am about
to fall asleep again.

"No way!" says Hassan,
surprised. "Sam, you have to
see this."

I let out a groan but I get up to
look at the mobile phone.

Why doesn't he turn it off?

I take a deep breath and look at
the phone. What I see wakes
me up instantly, like an electric
shock. On the screen there's a
photo of a group of boys
playing football.

The boy in the centre of the
photo is wearing a Spanish
football top and … *it's me!*
This must be *my* phone! Maybe
it has information about my
identity … my family.

Le arrebato el móvil a Hassan y contesto el teléfono sin dudar.

—¿Sí? —pregunto sin aliento.

5

—¡¿Sam?! —es la voz de un hombre, pero no la reconozco—. ¿Estás despierto?

10 —Pues... ahora sí... pero ¿quién eres? ¿Qué quieres?

—Estás en peligro, Sam. Ven a la catedral esta noche a las 12.
15 Tenemos que actuar rápido.

—¿A medianoche en la catedral? Tienes que explicarme lo que pasa…
20 —digo, pero nadie me contesta. El teléfono se ha apagado; está sin batería.

Hassan está de pie mirándome
25 fijamente. Le explico la conversación que acabo de tener.

Hassan señala el mensaje en la
30 pared. Todavía se puede leer con claridad:
«VUELVE A TU PAÍS».

I snatch the phone from Hassan and answer it without hesitation.
"Yes?" I ask breathlessly.

"Sam?!" It's a man's voice but I don't recognise it. "Are you awake?"

"Well … I am now … but who is this? What do you want?"

"You are in danger, Sam. Come to the cathedral tonight at 12. We have to act fast."

"At midnight in the cathedral? You have to explain what's going on …" I say, but nobody replies. The phone has turned off; the battery is dead.

Hassan is on his feet staring at me. I tell him about the conversation I've just had.

Hassan points to the message on the wall of our room. It can still be read clearly:
'GO BACK TO YOUR COUNTRY.'

—¿Tú crees que el que te ha llamado es el mismo artista que hizo eso? —me pregunta.

5 Miro a mi alrededor, la habitación sigue revuelta, desordenada. Alguien vino ayer, después de mi accidente, a buscar algo. ¿A lo mejor era 10 el móvil?

—No… no fue la misma persona. Tengo la impresión de que esta persona quiere 15 ayudarme.

Me siento fatal. Hassan debe estar muy frustrado. Pasar tiempo conmigo parece 20 peligroso. ¡Qué rabia!

—Lo siento, Hassan… —empiezo a decir—, no quiero causar tantos problemas… pero 25 no sé qué hacer.

«Estoy completamente perdido… ¡Sigo sin saber quién soy, de dónde vengo ni adónde 30 voy!».

Hassan se sienta en mi cama y dice: —Oye, amigo. No tienes

"You think the person who called you is the same artist who did this?" he asks me.

I look around, the room is still untidy, messy. Someone came here last night, after my accident, to look for something. Maybe it was the phone?

"No … it wasn't the same person. I get the impression that this person wants to help me."

I feel awful. Hassan must be fed up. Spending time with me seems to be dangerous. How annoying!

"I'm sorry, Hassan …" I start to say. "I don't want to cause so many problems … but I don't know what to do."

I'm completely lost … I still don't know who I am, where I come from nor where I'm going!

Hassan sits on my bed and says, "Listen, mate. You don't

que disculparte. Todo esto es culpa de los idiotas que te amenazan. A ver si tu nuevo amigo, el del teléfono, te llama
5   otra vez. Toma. —Me da un cargador y enchufo el móvil—. Venga, vamos a tomar un café, ya verás como te sientes mejor.

10

—Sí, tienes razón, Hassan. Me voy a duchar y te veo en la plaza, ¿vale?

have to apologise. All of this is the fault of those idiots who are threatening you. Let's see if your new friend, the one who called, phones you again. "Here," he gives me a charger and I plug in the phone. "Come on, let's go for a coffee and you'll feel better."

"Yes, you're right, Hassan. I'm going to shower and I'll see you in the square, okay?"

CHAPTER 2

Sam pilla a Valentina por sorpresa

Dejo el teléfono cargando mientras me ducho. Luego me visto y bajo a la recepción, pero no hay nadie.

5

Oigo música española y me pregunto si Valentina estará en el salón detrás de la recepción. Me acuerdo de lo que Valentina

10 me dijo la noche anterior: «me gustas, Sam». Sin pensar, me acerco a la puerta.

—¿Valentina? —digo mirando

15 por la puerta entreabierta.

Nadie contesta. Abro la puerta despacio: —¿Valentina? ¿Estás aquí?

20

En el salón siento el aroma delicado de Valentina. Tengo ganas de verla... pero ¿dónde está?

25

En el salón hay un sofá y varios muebles que parecen muy antiguos. Es como un apartamento de abuelos. A un

30 lado del salón hay un armario grande de madera y, en la esquina, una lámpara pasada de moda.

I leave the phone charging while I take a shower. Then I get dressed and go down to reception, but there's no one there.
I hear Spanish music and I wonder if Valentina is in the lounge behind the reception. I remember what Valentina said to me the night before, 'I like you, Sam.' Without thinking, I walk up to the door.

"Valentina?" I say looking through the half-open door.

No one replies. I open the door slowly. "Valentina? Are you there?"

In the lounge I smell Valentina's delicate aroma. I want to see her … but where is she?

There is a sofa and various items of furniture that appear to be very old. It's like a grandparent's apartment. On one side of the lounge there is a large wooden cupboard and, in the corner, an old-fashioned lamp.

El suelo está cubierto por una alfombra persa. No puedo imaginarme a Valentina en este apartamento, la verdad.

5   Al otro lado del salón hay otra puerta y veo que la luz está encendida.

Ahora oigo la música con
10   claridad: es flamenco.
—¿Hola? —digo calladamente—, ¿Estás aquí, Valentina?

15   Miro por la puerta y veo un horno y un frigorífico. Es la cocina. Hay alguien ahí.
—¿Valentina? —repito, pero ahora estoy nervioso.
20

«¿Por qué no contesta nadie? ¿Podría ser que la persona que saqueó mi habitación esté aquí?».
25

Alcanzo la puerta y me asomo con cuidado. La cocina está desordenada, hay latas y botellas en la encimera, y
30   platos y vasos sucios amontonados en el fregadero.

Oigo voces.

The floor is covered by a Persian rug. I honestly can't imagine Valentina in this apartment. On the other side of the lounge is another door and I see that the lights are on.

I can hear the music clearly now: it's flamenco.
"Hello?" I say quietly. "Are you there, Valentina?"

I look through the door and see an oven and a refrigerator. It's the kitchen. There is someone there. "Valentina?" I repeat but now I'm nervous."

Why is no one answering me? Could it be that the person who ransacked my room is here now?

I reach the door and I peer in carefully. The kitchen is a mess, there are cans and bottles on the worktop, and plates and dirty glasses piled up in the sink.

I hear voices.

Parece que alguien estuviera discutiendo.	It sounds as if someone was arguing.
5 —¡Ey, tú! Estás en un apartamento privado —dice una voz ronca y enfadada. Al otro lado de la cocina, hay un hombre alto, fornido y rapado, y la persona con la que está 10 es… ¡Valentina! No me lo puedo creer.	"You there! You're in a private apartment," says a hoarse, angry voice. On the other side of the kitchen, there is a tall, well-built, shaven-headed man, and the person he's with is … Valentina! I can't believe it!
«¡Qué tonto he sido! ¡Por supuesto que Valentina tiene 15 novio! ¿¿Por qué una chica tan perfecta querría estar conmigo?? ¿Por qué todo siempre me pasa a mí?».	*How stupid I've been. Of course Valentina has a boyfriend! Why would such a perfect girl want to be with me?? Why do bad things always happen to me?*
20 Siento que ya no puedo con mis emociones. *¡Tierra trágame!*	I feel like I can't control my emotions. *I wish the world would swallow me up!*
—Disculpa… Perdona… —tartamudeo y salgo corriendo 25 del hostal con lágrimas en los ojos.	"Excuse me… Sorry …" I stutter, rushing out of the hotel with tears in my eyes.
Me seco las lágrimas y respiro hondo con la imagen de 30 Valentina grabada en mi mente.	I dry my tears and take a deep breath with the image of Valentina etched into my mind.
—¿Qué te pasa ahora, Sam? —me pregunta Hassan cuando	"What's up now, Sam?" Hassan asks me when

llego a la plaza—. Tienes los
ojos rojos.

—Nada, nada, todo está bien,
tío. Es sólo que no he dormido
bien… —le digo.

—Yo tampoco, tío —me
contesta.

Raúl, la mascota de Hassan,
una rata blanca de ojos rojos, se
asoma por la chaqueta de
Hassan. Me mira con mucho
interés y sonrío.

Hassan saluda a la camarera y
pide un café.

La camarera mira a la rata y
levanta las cejas sorprendida,
pero no dice nada.

—Te invito a un café, Sam.
Ayer fue un día difícil, pero
hoy va a ser mucho mejor.

Suspiro y miro a la gente en la
plaza. Es temprano y ya hay
algunos niños jugando mientras
sus abuelos los observan con
interés.

I arrive in the square. "Your
eyes are red."

"Nothing, nothing, all good,
mate. It's just that I didn't sleep
well …" I say.

"Nor did I, mate," he replies.

Raúl, Hassan's pet - a white rat
with red eyes - peeks out of
Hassan's jacket. He looks at me
with interest and I smile.

Hassan waves at the waitress
and orders a coffee.

The waitress looks at the rat
and raises her eyebrows but
doesn't say anything.

"I'll buy you a coffee, Sam.
Yesterday was a tough day, but
today will be much better."

I sigh and look at the people in
the square. It's early and there
are already some kids playing
while their grandparents watch
them.

Una chica rubia con un vestido amarillo habla con su novio. Todos parecen muy felices. Saco la foto misteriosa que la viejecita encontró ayer y la observo con interés.

Es la imagen de una mujer joven.

«Lorena, Lorena, ¿quién eres, Lorena?».

Me siento tan solo: no sé dónde está mi familia, ni siquiera sé si tengo familia, y la única chica que me gusta, resulta que tiene novio.

—A lo mejor debería irme de aquí, no sé, empezar de nuevo en otro lugar —murmuro.

—Pero ¿qué dices, Sam? No puedes irte sin descubrir la verdad. ¿No tienes curiosidad por ir a la catedral? ¿Para averiguar quién eres? ¿Y saber qué hacías aquí antes del accidente?

La camarera vuelve con dos tazas y yo guardo la foto.

A blond girl in a yellow dress talks to her boyfriend. They all seem very happy. I take out the mysterious photo that the old lady found yesterday and I look at it carefully.

It is the image of a young woman.

Lorena, Lorena, who are you, Lorena?

I feel so alone: I don't know where my family is, nor even if I have a family, and the only girl I like turns out to have a boyfriend.

"Maybe I should leave, I don't know, start again somewhere else," I mutter.

"But what are you saying, Sam? You can't leave without finding out the truth. Aren't you curious about going to the cathedral? To figure out who you are? And figure out what you were doing here before the accident?"
The waitress returns with two cups, and I put the photo away.

La camarera me sonríe y le doy
las gracias.

—A lo mejor la persona de la
5 foto va a estar en la catedral y
te lo va a explicar todo —dice
Hassan dando un trozo de
galleta a su rata, Raúl—. Y así
vas a poder resolver el misterio:
10 tu identidad, tu familia, tu
historia.

Bebo un sorbo del café.

15 Está muy caliente. A mi
alrededor la gente habla
animadamente.

Por un lado, Hassan tiene
20 razón; la verdad es que siento
curiosidad por ir a la catedral.
Pero, por otro lado, tengo
miedo de tener tantos
enemigos.
25
De todos modos, me gusta estar
en Toledo; tengo amigos y
aprender español es divertido y
útil para el futuro.
30
De golpe, alguien grita,
interrumpiendo mis
pensamientos.

The waitress smiles at me and I
thank her.

"Perhaps the person in that
photo will be at the cathedral
and they'll explain everything
to you", says Hassan giving a
piece of biscuit to his rat, Raúl.
"And that way you will be able
to solve the mystery: your
identity, your family, your
story.
I take a sip of coffee.

It is very hot. Around me
people are chatting away.

On the one hand, Hassan is
right, the truth is that I am
curious about going to the
cathedral. But, on the other
hand, I am afraid to have so
many enemies.

In any case, I like being in
Toledo; I have friends here and
learning Spanish is fun and
useful for the future.

All of a sudden, someone
shouts, interrupting my
thoughts.

Me sobresalto y miro hacia el
ruido.

Un chico corre hacia nosotros:
es Iván, el chico con los ojos
negros como la tinta con el que
me peleé ayer. Lleva una
pequeña maleta y parece
estresado.

De repente, veo que su caniche,
Kaká, también viene hacia
nosotros, así que me levanto
rápido.

El perro se nos acerca, ladrando
como un loco. Un momento
después me doy cuenta de que
Kaká está persiguiendo a Raúl,
la rata de Hassan.

Raúl deja su galleta y corre
hacia una calle estrecha al lado
de la cafetería.

—¡Kaká! ¡Kaká! —grita
Iván—, ¡Vuelve aquí ahora
mismo, Kaká!

Hassan mira la escena con
horror, pero yo quiero reírme.

It gives me a startle and I look
towards the noise.

A boy is running towards us:
it's Iván, the boy with the black
eyes like ink, who I was
fighting yesterday. He's
carrying a little case and he
seems stressed.

Suddenly, I see his poodle,
Kaká. He's also heading for us,
so I get up quickly.

The dog approaches us, barking
like a crazy thing. A moment
later, I realise that Kaká is
chasing after Raúl, Hassan's
rat.

Raúl leaves the biscuit and runs
in the direction of a narrow
street next to the café.

"Kaká! Kaká!" shouts Iván,
"Come back here right now,
Kaká!"

Hassan looks at the scene with
horror, but I feel like laughing.

Cuando Iván llega a nuestra
mesa ni nos mira.

5 Raúl ha desaparecido con el
caniche, pero podemos oír al
perro ladrar.

—¿Te vas de vacaciones, Iván?
—le pregunto señalando su
10 maleta.

—No es una maleta —contesta
Iván—. Es mi trompeta.

15 —¿Tocas la trompeta? —digo
sorprendido—. No pensaba que
fueras un amante de la música.

—Tú no sabes nada sobre mí.
20

De repente, el caniche corre
despavorido hacia Iván
mientras aúlla. No sé
exactamente lo que le ha
25 pasado, pero tengo la impresión
de que Raúl ha mordido a
Kaká.

—Tu rata es una terrorista
30 —masculla Iván—. Le voy a
dar *comida especial para ratas.*

When Iván arrives at our table
he doesn't even look at us.

Raúl has disappeared with the
poodle, but we can hear the dog
barking.

"You going on holiday, Iván?"
I ask him, pointing at his
suitcase.

"It's not a suitcase," Iván
answers. "It's my trumpet."

"You play the trumpet?" I say,
surprised. "I didn't think you
were a music lover."

"You know nothing about me."

Suddenly, the poodle runs
terrified back to Iván, howling.
I don't know exactly what's
happened, but I get the
impression that Raúl has bitten
Kaká.

"Your rat is a terrorist," mutters
Iván. "I'm going to give him
some *special rat food.*"

—Y tu perro rabioso da asco —dice Hassan enfadado.

—Y tú... —Iván me mira—. Tú no eres bienvenido aquí. Deberías volver a tu país.

Presiento que otra pelea está a punto de empezar. Y entonces les interrumpo: —Me gustaría volver a mi casa, si tan solo supiera dónde está… De todas formas, tengo que ir a la academia Trabalenguas. Tengo clase de español en media hora…

—Sí, la verdad es que necesitas clases de español —dice Iván con retintín, pero le ignoro.

"And your rabid dog is disgusting," says Hassan angrily.
"And you,"—Iván looks at me—"you are not welcome here. You should go back to your country."
I detect that another fight is about to break out. And then I interrupt them: "I would like to go home, if only I knew where that is … In any case, I have to go to the language school, *Trabalenguas*. I have my Spanish lesson in half an hour."

"Yeah, you really need Spanish lessons," says Iván sarcastically but I ignore him.

CHAPTER 3

Un visitante viene a la escuela de idiomas

Iván desaparece con su caniche y Hassan va a buscar a su rata. Mientras tanto, yo voy a la escuela de idiomas. Joanna y

5 Yuki me están esperando en la puerta de Trabalenguas.

Iván disappears with his poodle and Hassan goes off to look for his rat. Meanwhile, I head off to the language school. Joanna and Yuki are waiting for me at the door of *Trabalenguas*.

Les explico lo que pasó anoche - que alguien entró en mi

10 habitación y me dejó un mensaje en la pared.

I explain to them what happened yesterday night—that someone came into my room and left a message on the wall.

—Pero Hassan encontró mi móvil —digo—. Lo he dejado

15 cargando en mi habitación.

"But Hassan found my phone," I say. "I left it charging in my room."

—¡Hala! —responde Joanna—. ¿Y crees que es la pista que necesitas?

20

"Wow!" responds Joanna. "And you think that it's the clue you need?"

—Espero que sí.

"I hope so."

—¿Y no podría ser un espíritu maligno que te persigue?

25 —pregunta Yuki mirándome intensamente con sus ojos azules. Yuki tiene una curiosidad morbosa.

"And couldn't it be an evil spirit that's following you?" asks Yuki looking at me intensely with her blue eyes. Yuki has a morbid curiosity.

30 —Erm… no lo creo, Yuki, y la verdad, espero que no sea así… —Miro la hora en el reloj de la recepción—. ¡Oye, que

"Erm… I don't think so, Yuki and, to be honest, I hope not…" I look at the time on the clock in reception. "Hey listen,

llegamos tarde a clase!

La profesora, Renata, nos
saluda cuando entramos en su
aula. Lleva una camiseta negra,
una bufanda verde y gafas de
montura gruesa.

Es una señora excéntrica, pero
también muy amable. Tiene el
pelo rubio, pero no creo que sea
natural.

Renata nos da una hoja de
ejercicios sobre la familia. Leo
la primera pregunta: «*1. La
madre de mi padre es…*».
Cojo mi lápiz y escribo: *mi
abuela.*

La siguiente pregunta dice: «*2.
La mujer de mi padre es…*».
El estadounidense que conocí
en clase ayer - creo que se
llama Chad - levanta la mano.

—Señora, mis padres están
divorciados así que no sé qué
escribir en el número dos…

—¡Has dado en el clavo, Chad!
Puede ser tu madre o tu
madrastra.

we're late for class!"

The teacher, Renata, greets us
as we enter the classroom. She
is wearing a black t-shirt, a
green scarf and thick-rimmed
glasses.

She is an eccentric lady, but
also very kind. She has blond
hair, but I don´t think it's
natural.

Renata gives us a worksheet
about family. I read the first
question:*1. The mother of my
father is …*
I pick up my pencil and write:
my grandmother.

The next question says: *2. My
father's wife is …*
The American I met yesterday -
I think he's called Chad - raises
his hand.

"Miss, my parents are divorced
so I don't know what to write
for number two …"

"You're spot on, Chad! It could
be your mother or your
stepmother."

—¿O la amante de mi padre?
—dice Chad reflexivamente.

"Or my father's mistress?" says Chad thoughtfully.

—Sí, cielo, puede ser
—responde Renata poniendo una mano en su hombro.

"Yes, dear, it could be," answers Renata, putting a hand on his shoulder.

5

La clase de español es muy divertida. Lo paso fenomenal con mis compañeros, y Renata también me da sensación de seguridad.

The Spanish class is a lot of fun. I have a great time with my classmates, and Renata also gives me a sense of security.

10

Me gusta mucho estar en la escuela de idiomas. Es como si fuera mi hogar en España. Una segunda casa sin saber dónde está mi verdadera casa…

I really like being at the language school. It's as if it were my home in Spain. A second home without knowing where my real home is …

15

Pero hoy estoy distraído y un poco nervioso. Me pregunto si debería ir a la catedral por la noche o no. No sé qué hacer.

But today I am distracted and a bit restless. I ask myself whether I should go to the cathedral tonight or not. I don't know what to do.

20

Durante la clase necesito ir al baño. He bebido demasiado café. Salgo del aula y voy a los aseos. Al salir del baño veo que hay alguien en el pasillo conmigo. Un hombre con un traje negro.

During the lesson I need to go to the toilet. I've drunk too much coffee. I leave the classroom and I head to the toilets. When I leave the toilets, I see that there is someone with me in the corridor. A man in a black suit.

25

30

Tardo un momento en
reconocerlo y me quedo helado.
El hombre no me ve.

5   Él también camina hacia
nuestra aula, así que no veo su
cara. Pero lo que sí que veo es
la serpiente tatuada en su
cuello.
10
Es Álvaro.

Es el padre de Iván, el gánster
de mala fama. «Tiene que estar
15 aquí por mí», pienso
muriéndome de pánico.
Me cuelo rápidamente en los
aseos sin hacer ruido.

20 Me acuerdo de que Carmen, la
viejecita de la plaza, me vio
con Álvaro unos momentos
antes de mi accidente. Y
también recuerdo que después,
25 su hijo, Iván, se sorprendió de
verme vivito y coleando.

Pienso en los mensajes
amenazantes y en el dinero
30 inexplicable en mi cartera.

It takes me a moment to
recognise him and I freeze. The
man doesn't see me.

He is also walking towards our
classroom so I can't see his
face. But what I can see is the
snake tattooed on his neck.

It's Álvaro.

He is the Iván's father, the
infamous gangster. *He must be
here for me,* I think, dying of
panic. I duck back into the
toilets without making a noise.

I remember that Carmen, the
old lady in the square, saw me
with Álvaro a few moments
before my accident. And I also
remember that afterwards his
son, Iván, was surprised to see
me alive and kicking.

I think about the threatening
messages and the unexplained
money in my wallet.

Álvaro está aquí para acabar su
trabajo; está aquí para acabar
conmigo.

5 «¿Qué hago? Tengo que salir,
pero Álvaro está bloqueando
mi única vía de escape».

«¿A lo mejor debería quedarme
10 en los aseos? Pero seguro que
me va a encontrar…».

Miro en todas direcciones sin
saber lo que busco. Sudando
15 como un pollo, estoy en estado
de pánico cuando veo que hay
una ventana en los aseos. Es
muy pequeña, pero parece ser
mi única opción.
20
Cierro la puerta con el pestillo
y abro la ventana. La apertura
es muy estrecha, pero lo tengo
que intentar. De repente,
25 alguien entra en los servicios.
No me atrevo ni a respirar.

Pasa un minuto antes de que la
persona intente abrir la puerta.
30 Al ver que no abre, intenta
forzar la puerta y la sacude.

Álvaro is here to finish the job;
he is here to finish me.

*What should I do? I have to get
out, but Álvaro is blocking my
only escape route.*

*Maybe I should stay in the
toilets? But he's surely going to
find me …*

I look in every direction
without knowing what I'm
looking for. Sweating like a pig
(literally like a chicken), I am
in a state of panic when I see
that there is a window in the
toilets. It's very small but it's
my only option.
I bolt the door shut and open
the window. The opening is
very narrow, but I have to try it.
All of a sudden, someone
comes into the toilets. I don't
even dare to breathe.

A minute goes by before the
person tries to open the door.
Seeing that it doesn't open, he
tries to force the door and he
shakes it.

—¿Quién está dentro? —masculla Álvaro. Su voz es muy áspera y agresiva.

5 Mi corazón está latiendo rápidamente ahora. Sin hacer el más mínimo ruido, sin apenas respirar, y sin mirar atrás, abro la ventana y salgo a la calle.

10

Gracias a Dios la ventana está en la planta baja y aterrizo con suavidad. Me pongo derecho y respiro.

15

«He escapado por un pelo», me digo aliviado.

—*Don Sam...* —dice una voz
20 detrás de mí y el corazón se me encoje.

"Who's in there?" mutters Álvaro. His voice is rough and aggressive.

My heart is beating fast now. Without making the slightest sound, without hardly breathing, and without looking back, I open the window and go out onto the street.
Thankfully, the window is on the ground floor and I land smoothly. I straighten up and breathe.

I escaped by the skin of my teeth, I say to myself, relieved.

"Mr. Sam ..." says a voice behind me and my heart sinks.

CHAPTER 4

Sam toca el cajón

«¡Madre mía! ¡Qué día estoy pasando!».

Primero veo a Valentina con su
5   novio, luego Álvaro viene a buscarme a la escuela de idiomas y ahora… Ahora el policía, Víctor, me pilla saliendo de la escuela por la
10 ventana.

—¿Sabes que en España solemos utilizar la puerta, *Don Sam*? —dice el agente Víctor
15 con un tono muy sarcástico.

Me siento como un auténtico idiota. La última vez que estuve con el agente Víctor, él me
20 preguntó mi dirección y mi apellido, y yo no pude decírselo. Ahora me ve saliendo por la ventana.

25 Debe pensar que estoy como una cabra. No quiero decir que me estoy escondiendo de Álvaro porque me da vergüenza.
30
—Agente Víctor —le digo poniéndome derecho—, es que… tenía que salir y…

Oh my word! What a day I'm having.

First I see Valentina with her boyfriend, then Álvaro comes to look for me at the language school and now … now the policeman, Víctor, catches me leaving the school via a window.

"You know that in Spain we tend to use the door, Mr Sam," says Agent Víctor in a sarcastic tone.

I feel like a real idiot. The last time I was with Agent Víctor, he asked me for my address and last name, and I couldn't tell him. Now he sees me climbing out of a window.

He must think that I am really crazy. I don't want to tell him that I am hiding from Álvaro because I am embarrassed.

"Agent Víctor," I say standing up, "it's just that … I had to get out and …

la ventana era el camino más
directo…

Noto que el agente Víctor no
confía en mí, pero que yo sepa,
salir por la ventana no va
contra la ley.

—¿Adónde vas con tanta prisa,
chaval? —me pregunta
mirándome fijamente.

Miro a mi alrededor. Tengo
miedo de que Álvaro siga
buscándome. Pero, a la vez, me
siento seguro con un policía a
mi lado.

—Voy a la plaza, agente
Víctor, para ver a mi amigo
Hassan.

—Ah sí, el famoso Hassan, tu
cómplice. Ten cuidado, chaval,
tengo la impresión de que
nuestro amigo Hassan tiene un
pasado complicado —el agente
Víctor sonríe—. Venga, voy
contigo para asegurarme de que
no hagas más travesuras.

«¿Qué quiere decir Víctor?».

the window was the quickest
route …”

I can see that Agent Víctor
doesn't trust me, but as far as I
know, climbing out of a
window is not against the law.

“Where are you going in such a
hurry, kiddo?” he asks, staring
at me.

I look around me. I am scared
that Álvaro is still looking for
me. But, at the same time, I feel
safe with a policeman at my
side.

“I'm going to the square, Agent
Víctor, to see my friend,
Hassan.

“Ah yes, the famous Hassan,
your partner in crime. Be
careful, kid, I get the
impression that our friend
Hassan has a complicated
past.” Víctor smiles. “Come on,
I'll go with you to make sure
that you don't get up to any
mischief.
What does Víctor mean?

«¿Qué significa: "un pasado complicado"?».

Cuando llegamos a la plaza, veo que Hassan está tocando la guitarra. Un grupo de jóvenes le está escuchando.

Nos mira con cara de preocupación, pero Víctor no dice nada y se va a la comisaría.

Hay mucha gente en la plaza: turistas mirando mapas, camareros sirviendo cafés y toledanos leyendo sus periódicos.

Aquí me siento seguro. Hassan me saluda y me invita a sentarme a su lado, sobre una caja de madera.

—¿Qué pasa, tío? ¿Quieres tocar conmigo?

—¿Tocar? —respondo confundido—. ¿Tocar qué?

—El cajón, Sam. ¿No te acuerdas? Tú tocas el cajón como un campeón… Venga,

What does 'a complicated past' mean?

When we arrive at the square, I see that Hassan is playing the guitar. A group of kids are listening to him.

He looks at us with concern in his face, but Víctor doesn't say anything and heads off to the police station.

There are lots of people in the square now: tourists looking at maps, waiters serving coffees and locals reading their papers.

I feel safe here. Hassan greets me and invites me to sit next to him on a wooden box.

"What's happening, mate? You wanna play with me?"

"Play?" I respond, confused. "Play what?"

"The *cajón*, Sam. Don't you remember? You play the *cajón*, like a champ… Come on,

vamos a tocar algo.

Y Hassan empieza a tocar. Al
principio, no sé qué hacer.
5 Estoy sentado a su lado como
una seta. Yo no toco ningún
instrumento.

«¿Cómo voy a tocar el cajón en
10 una plaza llena de
desconocidos?».

Pero después de un rato algo
raro me pasa.
15
Escuchando la guitarra de
Hassan, siento el ritmo en mi
cuerpo.

20 Es una sensación muy extraña
y… agradable y, de repente,
estoy tocando el cajón… Me
estoy sumergiendo en la
música… Es la primera vez
25 que… La primera vez que *me
reconozco.*

Miro a la gente que nos
escucha. Les gusta la música
30 que tocamos. Me siento
tranquilo… en paz… ¡Feliz!

---

let's play something."

And Hassan starts to play. At
first, I don't know what to do.
I'm sitting beside him like a
lemon *(literally 'a mushroom')*.
I don't play any instruments.

*How am I going to play the
'cajón' in a square full of
strangers?*

But after a while something
strange happens to me.

Listening to Hassan's guitar,
I feel the rhythm in my body.

It's a very strange sensation
and…pleasant and, suddenly,
I am playing the *cajón* … I am
immersed in the music … It's
the first time that … The first
time that I recognise myself.

I look at the people who are
listening to us. They like the
music we're playing. I feel
calm … at peace … Happy!

Al rato, un hombre entra en la plaza, sus movimientos agitados, erráticos. Es Álvaro.

Then, a man enters the square, his movements agitated, erratic. It's Álvaro.

5 Sin pensar, me levanto y huyo en la dirección opuesta.

Without thinking, I get up and flee in the opposite direction.

Oigo a Hassan llamándome, pero le ignoro y voy corriendo
10 a La Posada de Manolo.

I hear Hassan calling me, but I ignore him and I run back to La Posada de Manolo.

Cuando llego al hostal hay un hombre en la recepción. Es el novio de Valentina. Alto, con el
15 pelo rapado y, desafortunadamente, muy guapo: —Eres Sam, ¿verdad?

When I arrive at the hostel, there is another man in reception. It's Valentina's boyfriend. Tall, shaved head and, unfortunately, very handsome. "You're Sam, right?"

No quiero hablar con él, pero
20 asiento con la cabeza.

I don't want to talk to him, but I nod.

—Yo soy Fernando. Mis amigos me hablaron de ti. Nos vemos luego, estoy seguro.

"I am Fernando. My friends told me about you. We'll see each other later, I'm sure."

CHAPTER 5

Una decisión difícil

Por la tarde, Joanna y Yuki
vienen al hostal a buscarme.
Me invitan a salir. Todavía
tengo miedo de encontrarme
5   con Álvaro, pero tampoco
quiero estar solo.

Yuki dice que quiere ir al casco
antiguo a visitar un museo que
10 le interesa. Miro la hora en mi
móvil: son las cinco.

Mientras andamos, les cuento a
Yuki y a Joanna por qué me fui
15 tan pronto de clase. Me
escuchan con interés.

—Existe la posibilidad de que
Álvaro tenga un amigo que
20 trabaja en la escuela —dice
Joanna—. No creo que viniera
a por ti.

Yuki se para delante de una
25 tienda de armas tradicionales:
hay cuchillos, espadas y otras
armas en el escaparate: —Yo
creo que Álvaro es un asesino
en serie —dice temblando de
30 emoción y con una sonrisa
mórbida mientras mira el
escaparate—. Tienes que
evitarle, Sam.

In the afternoon, Joanna y Yuki
come to the hostel to look for
me. They invite me out with
them. I'm still afraid of
bumping into Álvaro, but I
don't want to be alone either.

Yuki says she wants to go to
the old town to visit a museum
she's interested in. I look at the
time on my phone: it's 5 p.m.

As we walk, I tell Yuki and
Joanna why I left class so early.
They listen carefully.

"It's possible that Álvaro has a
friend who works in the
school," says Joanna. "I don't
think he was there for you."

Yuki stops in front of a shop
selling traditional weapons:
there are knives, swords and
other weapons in the shop
window: "I think that Álvaro is
a serial killer," she says,
trembling with emotion and
with a morbid smile, while
looking in the shop window.
"You have to avoid him, Sam."

—Erm... Gracias, Yuki. ¡No tengo la intención de invitarle a mi fiesta de cumpleaños!

5 —¿Sabes cuándo es tu cumpleaños? —me pregunta Joanna.

La miro fríamente.
10
—Supongo que no… —dice Joanna en voz baja.

—No… pero por lo menos
15 ahora tengo móvil. —les digo mostrando el teléfono.

Para llegar al museo tenemos que pasar por la catedral. Es un
20 edificio grandioso e intimidante.

Pienso en la llamada misteriosa que he recibido.
25
«¿Qué debería hacer? ¿Si voy a la catedral por la noche qué me puede pasar? A lo mejor Álvaro, el gánster - el posible
30 asesino en serie - me espera allí. Sin embargo, si no voy, nunca voy a saber quién me llamó ni por qué. ¿Y si la

"Erm…thanks, Yuki. I'm not intending to invite him to my birthday party!"

"You know when your birthday is?" asks Joanna.

I look at her coldly.

"I suppose not …" says Joanna in a low voice.

"No … but at least now I have a mobile," I say to them showing my mobile.

To get to the museum we have to walk past the cathedral. It's a grand and intimidating building.

I think about the mysterious phone call I received.

What should I do? If I go to the cathedral tonight, what will happen to me? Perhaps Álvaro, the gangster - the possible serial killer - will be waiting for me there. However, if I don't go, I will never know who called nor why. And what

persona que me llamó sabe quién soy y quiere ayudarme? A lo mejor Lorena estará allí…».

if the person who called knows who I am and wants to help me. Maybe Lorena will be there …

5 Llegamos al museo - el Museo de la Tortura - y pagamos la entrada. Dentro hay una colección macabra de armas e instrumentos de tortura de los
10 tiempos de la Inquisición.

—¿Sabes que durante la Inquisición española, la Iglesia torturó y mató a cientos de
15 personas aquí en Toledo? Dicen que los espíritus atormentados de sus víctimas todavía frecuentan la catedral por la noche…
20

Miro a Yuki y suspiro.

—Gracias, amiga. Estas historias me ayudan un montón.
25

Joanna se ríe. Llegamos a la tienda de regalos y Yuki examina los cuchillos y las cruces mientras Joanna y yo
30 nos sentamos en una esquina.

We arrive at the museum - the Museum of Torture - and we pay the entrance fee. Inside there is a macabre collection of weapons and torture instruments from the time of the Spanish Inquisition.
"You know that during the Spanish Inquisition, the Church tortured and killed hundreds of people here in Toledo? They say that the tormented spirits of their victims still frequent the cathedral at nighttime.

I look at Yuki and sigh.

"Thanks, mate. These stories help a lot."

Joanna laughs. We arrive at the gift shop and Yuki looks at the knives and crosses while Joanna and I sit in a corner.

—Yo creo que no deberías ir a la catedral esta noche, Sam. Es demasiado peligroso. ¿Por qué no puedes quedar con esa

5 persona durante el día y en otro lugar…?

Me encojo de hombros.

10 —Parece que es así como la gente hace las cosas aquí.

Más tarde, Yuki, Joanna y yo tomamos un zumo de naranja

15 en una cafetería en uno de los callejones estrechos cerca de la catedral.

La Posada de Manolo no debe

20 estar lejos de aquí, pero es difícil saber dónde exactamente porque las calles son como un laberinto.

25 Todavía estoy nervioso después del incidente con Álvaro. Ver la colección de instrumentos de tortura no me ha tranqulizado nada tampoco.

30

—¿Has decidido lo que vas a hacer? —me pregunta Joanna sintiendo mi ansiedad.

"I don't think you should go to the cathedral tonight, Sam. It's too dangerous. Why can't you meet this person during the day in a different place … ?

I shrug my shoulders.

"It seems that this is how people do things around here."

Later on, Yuki, Joanna and I have an orange juice in a café in one of the narrow streets near the cathedral.

La Posada de Manolo can't be far from here, but it's hard to know where exactly because the streets are like a maze.

I'm still nervous after the incident with Álvaro. Seeing the collection of torture instruments has not calmed me down either.

"Have you decided what you're going to do?" asks Joanna, sensing my anxiety.

Me encojo de hombros otra vez.

—Entiendo que ir a la catedral
5   por la noche puede ser
peligroso, incluso estúpido,
pero tengo que averiguar quién
soy y, por eso, no tengo otra
opción.
10

Me bebo el zumo de naranja y
respiro hondo. A pesar del
calor que hace aquí en Toledo,
estoy temblando, pero de
15   miedo.

—Pues, vale —dice Joanna de
repente—. Si ir a la catedral es
lo que tienes que hacer, te
20   vamos a ayudar, ¿verdad,
Yuki?

Yuki me mira con sus ojos
penetrantes y asiente con la
25   cabeza.

—Claro que sí… y a lo mejor
tenemos suerte y vemos los
fantasmas que frecuentan la
30   catedral por la noche.

I shrug my shoulders again.

"I know that going to the
cathedral at nighttime may be
dangerous, stupid even, but I
have to figure out who I am,
and, for that reason, I don't
have any choice."

I drink my juice and take a
deep breath. Despite the heat in
Toledo, I'm shivering, but from
fear.

"Well, okay," says Joanna
suddenly. "If going to the
cathedral is what you have to
do, we're going to help you,
right, Yuki?"

Yuki looks at me with her
penetrating eyes and nods her
head.

"Of course…maybe we'll be
lucky and we'll see some of the
ghosts who hang out in the
cathedral at night."

CHAPTER 6

Carmen ayuda a Sam

	Se está haciendo tarde y acabo de cambiarme otra vez.	It's getting late and I've just got changed again.
5	Me visto con pantalones cortos, una camiseta negra, chanclas y una gorra negra. No me favorece mucho, pero pienso que llevar ropa negra tiene sentido. Mi mochila también es	I get dressed in shorts, a black t-shirt, sneakers and a black hat. It doesn't suit me very well, but I think that dressing in black makes sense. My backpack is also black.
10	negra.	
	Me pregunto si parezco un delincuente y cruzo los dedos para no cruzarme con el agente	I wonder if I look like a thug and cross my fingers that I won't bump into Agent Víctor again.
15	Víctor otra vez.	
	Valentina está en la recepción, pero no quiero hablar con ella. Tampoco quiero hablar con su	Valentina is in the reception, but I don't want to talk to her. Nor do I want to talk to her boyfriend, Fernando. I'm still feeling sad and disappointed.
20	novio, Fernando. Todavía estoy triste y decepcionado.	
	—¿Adónde vas, Sam? — me pregunta Valentina.	"Where are you off to, Sam?" asks Valentina.
25		
	—He quedado con Joanna y Yuki —contesto.	"Meeting up with Joanna y Yuki," I reply.
	—¿Te apetece hacer algo	"You fancy doing something together at some point?" says Valentina.
30	juntos en algún momento? —dice Valentina.	

—En algún momento, sí —respondo con indecisión. La imagen de ella con su novio sigue viva en mi mente. La
5 verdad, no entiendo por qué quiere hacer algo conmigo, pero ahora no es el momento de preguntar.

10 —Tengo que irme. —le digo—. Son las once y media de la noche.

Valentina responde con una
15 sonrisa nerviosa mientras yo cruzo la puerta. El sol ya se ha puesto. No hay luna, pero veo alguna que otra estrella brillando.
20
Oigo gritos de niños jugando cerca y me pregunto por qué no están en la cama.

25 Yuki y Joanna me esperan en la plaza. Hassan está con ellas, hablándole a Raúl y dándole unas migas de comer.

30 Joanna lleva zapatillas de deporte, una camiseta rosa muy estrecha y mallas.

"At some point, yes," I respond vaguely. The image of her with her boyfriend is still alive in my mind. The truth is, I don't understand why she wants to do something with me, but now is not the moment to ask.

"I have to go," I say. "It's 11:30."

Valentina responds with a nervous smile as I walk out the door. The sun has already set. There is no moon, but I see some stars shining here and there.

I hear the shouts of children playing nearby and I wonder why they're not in bed.

Yuki and Joanna are waiting for me in the square. Hassan is with them, talking to Raúl and feeding it some crumbs.

Joanna is wearing white trainers, a very tight, pink t-shirt and leggings.

Parece que estuviera lista para una clase de aerobic. No le digo nada porque yo en cambio debo parecer un ladrón.

5 Yuki, sin embargo, lleva una sudadera con capucha, pantalones cortos militares, un cinturón que lleva cosas que parecen armas, guantes sin
10 dedos y botas de combate.

Parece una soldado de las fuerzas especiales.

15 —¡Vaya equipo! —dice Hassan riendo amistosamente—. ¿Y tú no crees que Víctor os va a detener por pasear por las calles a estas horas como una banda
20 de delincuentes?

Uno de los niños que estaba jugando en la plaza, viene a hablar con Yuki. El niño la
25 mira fijamente y al final dice:
—¿Eres Lara Croft?

—Ojalá yo fuera Lara Croft
—responde Yuki.

30

Dejamos a Hassan en la plaza, tocando la guitarra con su rata Raúl en su hombro.

She looks like she's on her way to an aerobics class, but I don't say anything given that I look like a thief.

Yuki, on the other hand, is wearing a hoodie, military shorts, a belt with various items which appear to be weapons, fingerless gloves and combat boots.

She looks like a special forces soldier.

"What a team!" says Hassan laughing amiably. "And don't you think Víctor is going to arrest you guys for wandering the streets like a gang of delinquents?"

One of the children who was playing in the square comes to speak to Yuki. The little boy stares at her and says finally, "Are you Lara Croft?"

"I wish I were Lara Croft," answers Yuki.

We leave Hassan in the square, playing the guitar with his rat Raúl on his shoulder.

La verdad es que quiero
quedarme con él y tocar el
cajón otra vez, pero lo principal
ahora es averiguar mi
5   identidad. Tengo que ir a la
catedral.

Yuki me mira y dice: —Oye…
Tu amigo Hassan… Su cara me
10 resulta familiar, ¿de dónde es?

—La verdad es que no lo sé…
creo que es marroquí. ¿Por
qué?
15

—Pues… nada… Seguro que
no es nada…

Subimos por las calles
20 estrechas y silenciosas que
llevan hasta la catedral. Está
todo desierto, no hay ni un
alma. Parece que toda la ciudad
estuviera congregada en la
25 plaza.

Cuando llegamos a la puerta de
la catedral hay un silencio
aterrador. A esta hora, las
30 sombras dan la impresión de
estar acechando. Intento abrir la
grandiosa puerta. Está cerrada.

Truth be told, I want to stay
with him and play the cajón
again, but the important thing
now is finding out my identity.
I have to go to the cathedral.

Yuki looks at me and says,
"Hey … your friend, Hassan …
his face looks familiar to me.
Where is he from?"
"Honestly, I don't know … I
think he's Moroccan. Why?"

"Well … nothing … I'm sure
it's nothing ..."

We walk up the narrow, silent
streets that lead to the
cathedral. Everything is
deserted, there is not a soul in
sight. It seems like the whole
town has gathered in the
square.

When we arrive at the doors to
the cathedral, there is a
terrifying silence. At this hour,
the shadows give the
impression that they are
watching. I try to open the
magnificent door. It is closed.

—No me lo puedo creer —dice Joanna señalando un aviso en la puerta—. La catedral está en obras hasta el mes de
5 septiembre. ¡Está cerrada, Sam! ¡Qué mala suerte! No podemos entrar —Noto cierto alivio en su voz.

10 —Pero… ¡No puede ser! —respondo frustrado—. ¿Por qué quedamos aquí si está cerrado?

15 —Mira allí —dice Yuki en voz baja. Al final de la calle una figura vestida de negro pasa rápido y desaparece. Es la única persona que hemos visto
20 en el barrio—. ¡Puede ser la misma persona que te llamó por teléfono!

Corremos hasta el final de la
25 calle siguiendo la figura misteriosa.

Pero cuando llegamos la persona ha desaparecido.
30
—¡Jolín! —digo enterrando mi cara en mis manos—. No pensé

"I can't believe it," says Joanna pointing to a sign on the door. "The cathedral is closed for refurbishment until September. It's closed, Sam. What bad luck! We can't go in."
I detect a hint of relief in her voice.

"But … it can't be!" I answer, frustrated. "Why are we meeting here if it's closed?"

"Look over there," whispers Yuki. At the end of the street a figure in black rushes past and then disappears. It's the only person we've seen in the neighbourhood. "It could be the same person who called you!"

We run to the end of the street following the mysterious figure.

But when we get there, the person had disappeared.

"Darn it!" I say burying my head in my hands. "I didn't

que fuéramos a tener tantos problemas para entrar en la catedral.

5 «¡¿Por qué tienen que hacer obras justo ahora?!».

Miro la calle de arriba abajo, pero no veo a nadie. Una
10 lechuza ulula.

—¿No crees que deberíamos irnos a casa? —pregunta Joanna, con voz temblorosa.
15

Yuki está examinando las gruesas murallas de la catedral. Me pregunto si va a intentar escalarlas para entrar…
20

—No puedo, Joanna. Llevo dos días sin identidad y lo único que tengo es una foto de no sé quién y una llamada misteriosa.
25

Ayer pensaba que era un ladrón y hoy estoy recibiendo llamadas enigmáticas como si fuera un espía.
30

Tengo que averiguar quién soy.

think we would have so many problems getting into the cathedral.

Why do they have to do the refurbishment work now?!

I look up and down the street and see no one. A barn owl hoots.

"Don't you think we should go home?" asks Joanna in a trembling voice.

Yuki is studying the thick cathedral walls. I wonder if she's going to try to climb them to get in.

"I can't, Joanna. I've spent two days without an identity and the only thing that I have is a photo of someone I don't know and a mysterious phone call. Yesterday, I thought I was a thief and today I am receiving cryptic messages as if I were a spy.

I have to figure out who I am.

De repente una voz sale de la sombra. Joanna y yo damos un respingo mientras Yuki mira con fascinación hacia la oscuridad.

—Cuando era bailarina solía venir a la catedral por la noche…

Veo en la oscuridad que Carmen, la viejecita de la plaza, está sentada en un nicho detrás de nosotros.

—Carmen, ¡nos has asustado! —le digo con la piel de gallina y muerto de miedo.

—Tenía un novio, ¿sabes? —sigue diciendo Carmen—. Yo era la mujer más guapa y elegante de todo Toledo y mi novio era militar. Pero nuestras familias no aprobaban nuestra relación...

Tengo la impresión de que está loca como una cabra y que solo dice cosas sin sentido.

—Ya lo sé, Carmen. Eras bailarina y tenías un novio muy

Suddenly, a voice comes out of the shadows. Joanna and I jump while Yuki looks into the darkness in fascination.

"When I was a ballerina, I used to come to the cathedral at nighttime …"

In the darkness I see Carmen, the little old lady from the square, sitting in a niche behind us.

"Carmen, you scared us!" I say to her with goose bumps and scared to death.

"I had a boyfriend, you know?" Carmen continues. "I was the most beautiful and elegant woman in the whole of Toledo and my boyfriend was in the army. But our families did not approve of our relationship."

I get the impression that she's completely bonkers and only speaks nonsense.

"I know, Carmen. You were a ballerina and you had a very

guapo —le digo un poco más
sarcástico de lo que quería—.
Tenemos un problema,
Carmen. Estamos intentando
5   entrar en la catedral, pero está
cerrada.

Carmen se levanta con mucho
esfuerzo y se mueve hacia mí.
10 Huele a humo y a basura, pero
veo una energía en sus ojos que
no había visto antes.

—Lo sé, hijo. Mi novio y yo
15 solíamos entrar por el pasadizo
secreto. Te lo puedo enseñar si
quieres.

handsome boyfriend," I say to
her a little more sarcastically
than I intended. "We have a
problem, Carmen. We are
trying to get into the cathedral,
but it's closed."

Carmen gets up with a lot of
effort and moves towards me.
She smells of smoke and
rubbish, but I see an energy in
her eyes that I haven't seen
before.
"Follow me, dear. My
boyfriend and I used to go in
through the secret passageway.
I can show it to you if you
want."

CHAPTER 7

En las catacumbas

Caminamos con Carmen hasta el final de la calle y luego giramos a la izquierda.	We walk to the end of the street with Carmen and then turn left.
5 Cruzamos una callecita muy estrecha y oscura; la torre de la catedral se cierne sobre nosotros. El cielo está negro y oigo un trueno en la distancia. 10	We enter a very narrow, dark alleyway; the cathedral tower looms above us. The sky is black and I hear thunder in the distance.
Me pregunto si va a llover.	I wonder if it's going to rain.
A la derecha y a la izquierda hay edificios de piedra en 15 ruinas que parecen muy antiguos. Las pocas ventanas que hay están cerradas y tienen barrotes.	On the right and left there are dilapidated stone buildings which appear very old. The few windows there are, are closed and have bars on them.
20 No hace frío, pero un escalofrío me recorre el cuerpo.	It's not cold, but a shiver runs through my body.
Después de unos cientos de metros, Carmen para junto a 25 una verja metálica en la pared.	After about a hundred metres, Carmen stops by a metal gate in the wall.
—¿Podemos entrar por aquí? —le pregunto a Carmen señalando la verja. 30	"Can we get in through here?" I ask Carmen, pointing to the gate.
Carmen se ríe bruscamente lo que la hace toser.	Carmen laughs abruptly which then makes her cough.

—Por allí no, hijo. La entrada está por aquí.

Señala una trampilla secreta en el suelo. Mi corazón se hunde como una piedra en el agua.

—¿Por aquí? —repito incrédulo mientras respiro rápidamente.

—Sí, hijo. Es así como mi novio, Julio, y yo entrábamos en la catedral por la noche. Bailábamos bajo la luz que entraba por las vidrieras cuando no había nadie.

Me pongo de rodillas y levanto la trampilla con esfuerzo. Al otro lado de la trampilla está todavía más oscuro que en la calle, pero se ve que hay un pasadizo subterráneo.

—Tienes que seguir el pasadizo para llegar a las catacumbas de la catedral.

—¿Las catacumbas? —digo, mirándola fijamente.

"Not through there, son. The entrance is through here."

She points to a secret trap door in the ground. My heart sinks like a stone in water.

"This way?" I repeat incredulously while breathing quickly.

"Yes, son. This is how my boyfriend, Julio, and I used to get into the cathedral at night. We used to dance in the light entering through the stained-glass windows when no one else was around."
I kneel down and lift the trap door with difficulty. On the other side of the trap door, it's even darker than in the street, but I can see that there is an underground passageway.

"You have to follow the tunnel to get to the cathedral catacombs."

"The catacombs?!" I say, staring at her.

<table>
<tr><td>

Joanna pone una mano en mi hombro: —Lo siento, Sam, pero no puedo ir contigo. Tengo claustrofobia y de todas formas, no me parece muy buena idea entrar en el pasadizo.

Mientras tanto, Yuki está sacando algo de su cinturón. Me mira y dice: —Menos mal que llevo dos linternas —Me pasa una linterna pequeña y la enciendo.

El pasadizo es estrecho y oscuro, y también parece húmedo y frío. ¡Agh!

—Yuki —digo, casi arrepintiéndome de venir a la catedral—, la verdad es que tengo miedo. No sé si lo puedo hacer.

—¿Qué dices, Sam?—responde Yuki—. Hemos venido aquí para descubrir quién eres. ¡No podemos rendirnos ahora!

Mi móvil vibra. Tengo un mensaje. Joanna y Yuki me miran fijamente.

</td><td>

Joanna puts a hand on my shoulder. "I'm sorry, Sam, but I can't go with you. I'm claustrophobic and, in any case, I don't think it's a very good idea to enter this tunnel."

Meanwhile, Yuki is taking something off her belt. She looks at me and says, "Lucky I have two torches." She passes me a small torch and I turn it on.

The tunnel is narrow and dark, and also damp and cold. Urgh!

"Yuki," I say, almost regretting coming to the cathedral, "the truth is, I'm scared. I don't know if I can do this."

"What are you saying, Sam?" Yuki answers. "We've come here to find out who you really are. We can't give up now!"

My phone vibrates. I have a message. Joanna and Yuki stare at me.

</td></tr>
</table>

En cambio, Carmen fuma un cigarrillo distraída.	Meanwhile, Carmen is smoking a cigarette distractedly.
5 —Mi soldado y yo pasamos unas noches apasionantes aquí, en secreto ¿sabes? —dice la viejecita sin prestar atención—. ¡Cómo vuela el tiempo!	"My soldier and I spent passionate nights here, in secret, you know?" says the little old lady, not paying attention to us. "How time flies!"
10 —¿Quién es? —me dice Yuki con brusquedad.	"Who is it?" says Yuki sharply.
Leo el mensaje. Es un número desconocido: «¿Dónde estás? 15 ¡Tienes que venir rápido!» Miro la hora en mi móvil. Son las doce y cuarto. Llego tarde.	I read the message. It's from an unknown number: *Where are you? You have to come quickly!* I look at the time on my phone. It's 12:15. I'm running late.
—Vale, si tú no quieres ir 20 primero, sígueme. —dice Yuki entrando en el pasillo. Joanna niega con la cabeza.	"Okay, if you don't want to go first, follow me," says Yuki climbing into the tunnel. Joanna shakes her head.
—Si Yuki puede entrar, 25 entonces yo también puedo. —murmuro. No me puedo creer que esté entrando en un pasadizo subterráneo a las doce de la noche. 30	"If Yuki can do it, then I can too," I mutter. I can't believe that I'm getting into an underground tunnel at twelve at night.
Una vez dentro, siento frío. Miro mis pantalones cortos y	Once inside, I feel cold. I look at my shorts and

mi camiseta, y lamento no
llevar vaqueros y sudadera.

5 No hay sitio para ir andando,
así que gateamos lo más rápido
que podemos. Puedo sentir la
ciudad de piedra sobre mí y me
pregunto como el techo del
pasadizo puede soportar el
10 peso.

Después de un largo rato
gateando, el pasadizo se abre
en una cueva grande.
15

«¿Dónde estamos?».

Salgo del pasadizo y miro a mi
alrededor. Las paredes de la
20 cueva están hechas de piedra y
son de forma irregular.

—Las catacumbas —dice Yuki
distraídamente.
25

Ilumino las paredes con mi
linterna. Me mareo. Las
paredes están construidas con
huesos. Hay cráneos, piernas,
30 manos y pies tirados por todas
partes. Yuki me mira y dice:
—Qué guay, ¿no?

my t-shirt, and regret not
wearing jeans and a sweatshirt.

There isn't room to walk so we
crawl on all fours as fast as we
can. I can feel the stone city
above me and I wonder how
the ceiling of the tunnel can
support the weight.

After a long time crawling, the
tunnel opens up into a large
cave.

Where are we?

I climb out of the tunnel and
look around me. The walls of
the cave are made of unusually
shaped stones.

"The catacombs," says Yuki
distractedly.

I shine the torch on the walls.
I feel sick. The walls are made
from bones. There are skulls,
legs, hands and feet lying all
over the place. Yuki looks at
me and says, "Pretty cool,
right?"

Está tocando una calavera con
una cara espantosa.

—¿Guay? —le digo—. No, no
5 me parece guay en absoluto.
Vamos, Yuki. Tenemos que
darnos prisa.

Al final de las catacumbas hay
10 una escalera de piedra.
Subimos despacio y por fin
llegamos adentro de la catedral.
Es algo realmente extraordina-
rio. La poca luz que entra por
15 las enormes ventanas ilumina el
interior de la catedral y, a pesar
de los andamios que hay por
todas partes, es magnífico.

20 —Impresionante —murmura
Yuki—. Mira —me susurra.

Veo que la figura que vimos en
la calle está en el altar de la
25 catedral. Se me pone la piel de
gallina.

Me acuerdo de la llamada que
recibí: «Estás en peligro».
30 —decía—. «Tenemos que
actuar ahora».

She's touching a skull with a
scary face.

"Cool?" I say. "No, I don't
think it's cool at all. Let's go,
Yuki. We have to hurry."

At the end of the catacombs
there is a stone staircase. We
climb them slowly and, finally,
we arrive in the cathedral. It's
really quite extraordinary. The
scarce light entering through
the enormous windows
illuminates the cathedral
interior and, in spite of the
scaffolding everywhere, it is
magnificent.
"Impressive," murmurs Yuki.
"Look," she whispers to me.

I see the figure we saw in the
street is at the cathedral altar. It
gives me goosebumps.

I remember the call I received.
'*You are in danger*,' he'd said.
'*We have to act now.*'

Despacio me acerco a la figura inmóvil. Mis ojos se están acostumbrando a la oscuridad dentro de la catedral y puedo
5   ver que hay sombras a nuestro alrededor.

Pienso en el Museo de la Tortura y en los fantasmas que
10   mencionó Yuki. Mi cuerpo quiere salir volando de aquí e ir a la plaza donde hay gente, música y niños jugando. Pero estoy desesperado por
15   averiguar quién soy, no puedo irme ahora.

Tengo que saber quién está en el altar y si me conoce. Estoy
20   en la nave de la catedral. Puedo oír el eco de mis pisadas al caminar hacia el altar.

Me doy cuenta de que Yuki no
25   está conmigo, pero sigo acercándome hacia la figura. Siento una mezcla de miedo, nervios y entusiasmo.

30   Respiro rápido. Estoy a diez metros de distancia de la figura y ahora se mueve.

Slowly I approach the motionless figure. My eyes are getting used to the darkness inside the cathedral and I can see that there are shadows around us.

I think of the Museum of Torture and the ghosts mentioned by Yuki. My body wants to get out of here and go to the square where there are people, music and children playing. But I am desperate to find out who I am; I can't leave now.

I have to know who is at the altar and if they know me. I am in the aisle and I can hear the echo of my footsteps walking towards the altar.

I realise that Yuki is no longer with me, but I keep moving towards the figure.
I feel a mix of fear, nerves and excitement.

I am breathing fast. I am ten metres away from the figure and now it moves.

Es un hombre que lleva una capucha y un chándal gris. No lo reconozco, pero cuando se gira veo algo familiar en su cara.

—Sam, has venido —dice el hombre, aliviado—. Me dijeron que tuviste un accidente. Estaba muy preocupado. Parece que estás en peligro.

—Parece que sí. ¿Por qué me has traído aquí? No me parece el sitio más seguro de Toledo.

—Estamos en la casa de Dios, Sam. Pero tú sabes por qué estás aquí.

—No, señor, yo no sé nada. Después del accidente perdí la memoria…

—Pero la Almazara… —dice sorprendido—. Y me reconoces ¿no? Soy tu tío, Sam.

Pero en ese momento alguien - o algo - sale de las sombras y antes de que pueda decir nada, le pega un golpe tremendo en la cabeza a mi… ¿tío?

It's a man wearing a hood and a grey tracksuit. I don't recognize him but when he turns there is something familiar about his face.

"Sam, you came," he says to me, relieved. "I heard that you had an accident. I was very worried. It seems that you are in danger."

"It seems so. Why have you brought me here? It doesn't seem the safest place in Toledo."
"We're in the house of God, Sam. But you know why you are here."

"No, sir, I don't know anything. After the accident, I lost my memory ..."

"But the Almazara ..." he says surprised. "And you recognise me, don't you? I'm your uncle, Sam."
But at that moment, someone - or something - emerges from the shadows and before I can say anything, it delivers a huge blow to my … uncle's head?

CHAPTER 8

Sam y Yuki huyen

El tiempo se para mientras veo como mi tío se cae al suelo. Me mareo.

Time stands still while I watch my uncle fall to the ground. I'm going to be sick.

5   «¿Está muerto? ¿Qué hago?».

Is he dead? What should I do?

El atacante se acerca a mí.

The attacker approaches me.

Es alto y grande, pero no puedo
10 ver su cara porque lleva una máscara negra y una capucha. Estoy paralizado de miedo.

He's tall and big, but I can't see his face because he's wearing a black mask and a hood. I am paralysed by fear.

A nuestro alrededor parece que
15 hay más personas - tres o cuatro hombres en las sombras - todos llevan máscaras, así que no reconozco a nadie.

Around us, there seem to be more people - three or four men in the shadows - all wearing masks so I can't recognise anyone.

20 De repente, el tiempo se acelera y mi cuerpo reacciona. Estoy corriendo en la oscuridad de vuelta hacia las catacumbas.

Suddenly, time speeds up and my body reacts. I am running in the darkness back towards the catacombs.

25 Siento como los atacantes corren detrás de mí y me preparo para el golpe final.

I sense that the attackers are behind me, and I prepare myself for the final blow.

«¿Dónde está Yuki?», me
30 pregunto, con mi corazón latiendo como un martillo.

Where is Yuki? I ask myself, with my heart beating like a hammer.

—¡Qué no te vayas! —grita

"Don't go!" shouts someone

alguien detrás de mí. Es una voz familiar, pero no lo puedo identificar—. ¡Solo quiero hablar contigo!

5

Delante de mí veo que Yuki está escondida detrás de un banco de la catedral. Yuki hace un gesto con la cabeza y veo
10 que ha puesto una tabla de madera en el pasillo.

Sin pensar, salto por encima de la tabla, pero mi atacante no la
15 ve y se cae al suelo. Oigo gritos detrás de nosotros, pero un momento después, Yuki y yo estamos bajando la escalera de piedra.
20

Entramos en el pasadizo y acto seguido apagamos nuestras linternas para que los atacantes no nos vean.
25

Gateo lo más rápido que puedo y siento mi cuerpo empapado de sudor. Detrás de nosotros se oyen gritos de confusión.
30

También oigo los ladridos de un perro.

behind me. It's a familiar voice, but I can't place it. "I just want to talk to you!"

In front of me, I see that Yuki is hidden behind a cathedral pew. Yuki makes a signal with her head, and I see that she has put a wooden plank in the aisle.

Without thinking, I jump over the plank, but my attacker doesn't see it and he falls on the floor. I hear shouts behind us, but a moment later, Yuki and I are going down the stone staircase.

We climb into the tunnel and immediately turn off our torches so that the attackers cannot see us.

I crawl as fast as I can and I feel my body is soaked in sweat. Behind us, there are shouts of confusion.

I also hear a dog barking.

Imagino al perro
persiguiéndonos por el pasillo y
rezo para que los atacantes no
encuentren la entrada. Subimos
5 por la escalera y salimos por la
trampilla.

Una vez fuera, el aire parece
fresquito y recobro el aliento.
10 Estoy en estado de shock.

«¿Puede ser que mi tío sea la
persona que me esperaba en la
catedral? Y ahora está dentro
15 herido o peor… Tengo que
hacer algo para ayudarle».

—Había alguien dentro… mi
tío… —digo sin aliento,
20 intentando explicarme a
Joanna—. Nos atacaron y…
tengo que hacer algo.

—Vamos a llamar a la policía
25 —responde Joanna.

—Eso no va a ser necesario
—contesta una voz. Es el
agente Víctor. Está con otro
30 policía y parece enfadado.

—*Don Sam* —me dice—, nos
encontramos otra vez. A ver,

I imagine the dog chasing us
through the tunnel and I pray
that the attackers don't find the
entrance. We climb up the
ladder and out through the trap
door.

Once outside, the air seems
cool, and I catch my breath. I
am in shock.

*Can it be that my uncle was the
person waiting for me in the
cathedral? And now he's
injured or worse…I have to do
something to help him.*

"There was someone inside …
my uncle …" I say breathlessly,
trying to explain myself to
Joanna. "They attacked us and
… I have to do something."

"We're going to call the
police," replies Joanna.

"That won't be necessary,"
answers a voice. It's Agent
Víctor. He's with another
policeman and he seems angry.

"Mr. Sam," he says, "we meet
again. Let me see,

¿has decidido dar una vuelta
por la noche?

—Agente Víctor… —contesto
recobrando mi aliento, pero no
sé qué decir. No quiero admitir
que he estado en la catedral por
la noche. Pero alguien - mi tío -
está dentro y necesita mi ayuda.

—Me estaban ayudando agente
Víctor —dice Carmen
tosiendo—. Estos jóvenes
vienen a darme comida y
charlar conmigo todas las
noches. Pero oímos gritos
dentro de la catedral. Creo que
deberíais investigarlo.

El policía me mira fijamente
con cara desconfiada, pero al
final, el agente Víctor nos dice
que va a echar un vistazo
dentro de la catedral.

Cuando vuelvo a La Posada de
Manolo, me duele hasta el
alma: las rodillas, las manos, la
espalda… Estoy dolorido.

La noche en la catedral ha sido
un desastre.

did you decide to take an
evening stroll?"

"Agent Víctor …" I reply
catching my breath, but I don't
know what to say. I don't want
to admit that I've been in the
cathedral at night. But someone
- my uncle - is inside and he
needs my help.
"They were helping me, Officer
Víctor," says Carmen,
coughing. "These youngsters
come to give me food and talk
to me every night. But we
heard shouts inside the
cathedral. I think you should
investigate."

The policeman stares at me
with distrust, but in the end,
Agent Víctor tells us that he
will take a look inside the
cathedral.

When I get back to La Posada
de Manolo, even my soul
aches: my knees, my hands, my
back…I am really in pain.

The night in the cathedral has
been a disaster.

Todavía no sé quién soy y ahora me siento culpable por el ataque que ha dejado a alguien herido. *Mi tío.* No sé si voy a poder dormir.

Valentina está en la recepción con Hassan. Los dos parecen muy preocupados y cuando me ven se levantan y se acercan a nosotros. Valentina me da un vaso de agua.

—¿Qué ha pasado?

Yuki le cuenta lo que ha pasado - el pasadizo secreto, el hombre misterioso en la catedral, el ataque - mientras, yo, pienso en mi tío: «¿Qué es lo que me dijo en la catedral antes del ataque? ¿Almuerzo? ¿Almacén? ¿Almaz-algo».

De repente se me ocurre algo y abro mi mochila.

—¿Qué es, Sam? ¿Qué buscas?

Saco mi cartera y busco la tarjeta de crédito que encontré ayer.

I still don't know who I am and now I feel guilty for the attack that has left someone injured. My uncle. I don't know if I am going to be able to sleep.

Valentina is in reception with Hassan. The two seem very worried and when they see me, they get up and rush over. Valentina gives me a glass of water.

"What happened?"

Yuki tells them what happened - the secret passageway, the mysterious man in the cathedral, the attack - while I think about my uncle. *What did he say to me in the cathedral before the attack? ¿Almuerzo? ¿Almacén? Almaz-something.*

Suddenly, something occurs to me, and I open my backpack.

"What is it, Sam? What are you looking for?"
I take out my wallet and look for the credit card I found yesterday.

La miro y confirmo que el nombre en la tarjeta es lo que pensaba.

5 —¡La Almazara! —digo casi gritando—. Es lo que me dijo mi tío en la catedral. Ese nombre tiene algo que ver con mi identidad.
10

Yuki, Joanna y Hassan miran la tarjeta de crédito con interés, pero Valentina se pone muy seria.
15

—¿Tú sabes lo que es la Almazara, Valentina? ¿Tú crees que es el sitio donde trabajaba antes del accidente?
20 —le pregunto.

—Sam, es que… —me contesta muy nerviosa.

25 El teléfono de la posada suena, interrumpiendo a Valentina. Es Víctor.

Cuando Valentina cuelga me
30 mira.

—Sam, Víctor dice que no había nadie en la catedral…

I look at it and confirm that the name on the card is what I thought.

"La Almazara!" I say, almost shouting. "It's what my uncle said to me in the cathedral. This name has something to do with my identity.

Yuki, Joanna and Hassan look at the credit card with interest, but Valentina looks very serious.

"You know what the Almazara is, Valentina? You think it's the place where I worked before the accident?" I ask her.

"Sam, it's …" she answers nervously.

The phone in the hostel rings, interrupting Valentina. It's Víctor.

When Valentina hangs up, she looks at me.

"Sam, Víctor says there was no one in the cathedral …"

—Pero ¿qué dices? Te juro que
estaban mi tío y ese grupo de
delincuentes. Yuki lo ha visto
todo...

5

—A menos que fueran
fantasmas —responde Yuki.

Suspiro incrédulo. No hay nada
10 que pueda hacer.

—Pues dime Valentina, ¿qué
sabes de la Almazara?

15 —Sam… es complicado… La
Almazara es un negocio.
Tienen un depósito en el campo
cerca de aquí.

20 —Entonces, tengo que ir allí.

—Pero Sam —Valentina se
acerca a mí—, la Almazara
es… es una tapadera para
25 operaciones ilegales y… lo que
pasa es que el jefe es… Álvaro.

En este momento alguien entra
por la puerta. Es el novio de
30 Valentina, Fernando.

—Fernando —dice
Valentina—, ¿conoces a Sam?

"But what are you saying? I
swear to you that my uncle and
that group of thugs were in
there. Yuki saw everything …"

"Unless they were ghosts,"
replies Yuki.

I sigh incredulously.
There's nothing I can do.

"So, tell me, Valentina. What
do you know about the
Almazara?"
"Sam … it's complicated …
the Almazara is a business.
They have a warehouse in the
countryside near here."

"So, I have to go there."

"But, Sam," Valentina moves
closer to me, "the Almazara is
… it's a cover for illegal
business and … the thing is, the
boss is … Álvaro."

At that moment, someone
walks in the door. It's
Valentina's boyfriend, Fernando.

"Fernando," says Valentina,
"do you know Sam?"

Fernando me mira de arriba
abajo, pero no dice nada.

—Que si nos conocemos
5 —digo para mí entre dientes y
desviando la mirada.

—Mi hermano trabaja aquí de
vez en cuando… —Empieza
10 Valentina.

—¿Tu *hermano*? —repito
sorprendido—. ¿Fernando es tu
hermano?
15

Fernando se ríe y dice: —¿Qué
pensabas? ¿Que era su marido?

Me siento aliviado de saber que
20 Fernando no es el novio de
Valentina, pero al mismo
tiempo, un escalofrío me
recorre el cuerpo.

25 Reconozco la voz de Fernando.

Es la voz que oí en la catedral.
La voz de mi atacante.

Fernando looks me up and
down, but doesn't say a word.

"We *know* each other"
I say to myself through gritted
teeth and rolling my eyes.

"My brother works here from
time to time …" begins
Valentina.

"Your brother?" I repeat,
surprised. "Fernando is your
brother?"

Fernando laughs, "What did
you think? That I was her
husband?"
I feel relieved to know that
Fernando isn't Valentina's
boyfriend, but at the same time,
a chill runs through my body.

I recognize Fernando's voice.

It's the voice I heard in the
cathedral. The voice of my
attacker.